MÜNCHAUSEN

MÜNCHAUSEN

Lucía Vilanova

Tradução Pedro Brício
Colaboração Branca Messina

A Acción Cultural Española - AC/E é uma entidade estatal cuja missão é difundir e divulgar a cultura espanhola, seus acontecimentos e protagonistas, dentro e fora de nossas fronteiras. No Programa de Intercâmbio Cultural Brasil-Espanha, essa missão se concretiza graças ao apoio do TEMPO_FESTIVAL, do Rio de Janeiro, que convidou a Editora Cobogó para fazer a edição em português de dez textos fundamentais do teatro contemporâneo espanhol, e contou com a colaboração de quatro dos festivais internacionais de teatro de maior prestígio no Brasil. Estão envolvidos no projeto: Cena Contemporânea – Festival Internacional de Teatro de Brasília; Porto Alegre em Cena – Festival Internacional de Artes Cênicas; Festival Internacional de Artes Cênicas da Bahia – FIAC; Janeiro de Grandes Espetáculos – Festival Internacional de Artes Cênicas de Pernambuco; além do TEMPO_FESTIVAL, Festival Internacional de Artes Cênicas do Rio de Janeiro.

Cada festival colaborou indicando diferentes artistas de teatro brasileiros para traduzir as obras do espanhol para o português e organizando residências para os artistas, tradutores e autores que farão em seguida as leituras dramatizadas para o público dos festivais.

Para a seleção de textos e de autores, estabelecemos uma série de critérios: que fossem peças escritas neste século XXI, de autores vivos ganhadores de pelo menos um prêmio importante de dramaturgia, que as peças pudessem ser levadas aos palcos tanto pelo interesse intrínseco do texto quanto por sua viabilidade econômica, e, por último, que elas girassem em torno de uma temática geral que aproximasse nossos autores de um público com conhecimento escasso da dramaturgia contemporânea espanhola, com especial atenção para os gostos e preferências do público brasileiro.

Um grupo de diretores de teatro foi encarregado pela AC/E de fazer a seleção dos autores e das obras. Assim, Guillermo Heras, Eduardo Vasco, Carme Portaceli, Ernesto Caballero, Juana Escabias e Eduardo Pérez Rasilla escolheram *A paz perpétua*, de Juan Mayorga, *Après moi le déluge (Depois de mim, o dilúvio)*, de Lluïsa Cunillé, *Atra bílis*, de Laila Ripoll, *Cachorro morto na lavanderia: os fortes*, de Angélica Liddell, *Cliff (Precipício)*, de Alberto Conejero, *Dentro da terra*, de Paco Bezerra, *Münchausen*, de Lucía Vilanova, *NN12*, de Gracia Morales, *O princípio de Arquimedes*, de Josep Maria Miró i Coromina e *Os corpos perdidos*, de José Manuel Mora. A seleção dos textos não foi fácil, dada a riqueza e a qualidade da produção recente espanhola.

A AC/E felicita a Editora Cobogó, os festivais, os autores e os tradutores pela aposta neste projeto, que tem a maior importância pela difusão que possibilita do teatro contemporâneo espanhol. Gostaríamos de agradecer especialmente a Márcia Dias, diretora do TEMPO_FESTIVAL, por sua estreita colaboração com a nossa entidade e com o projeto.

Teresa Lizaranzu
Acción Cultural Española - AC/E
Presidente

Sumário

Sobre a tradução brasileira 11

MÜNCHAUSEN 13

Sobre a síndrome de Münchausen por poder 91

Por que publicar dramaturgia 93

Dramaturgia espanhola no Brasil 95

Sobre a tradução brasileira

Antes de ser tradutor e dramaturgo, sou um ator. O texto, para um ator, é matéria viva para sua voz e corpo, substância para o pensamento e as emoções. Além dos significados das palavras, há também a melodia, o ritmo, a tonalidade. É um processo físico. Alquimia para a presença.

Ao traduzir esta peça, tentei me colocar num novo papel: o da dramaturga Lucía Vilanova. Uma tarefa *peliaguda*, afinal não sou mulher nem espanhola. E o *habitat* é a língua portuguesa. Não houve outra saída, tive que ser fiel e trair ao mesmo tempo, reproduzir e inventar, me deslocar e trazer para perto, ser intuitivo e metódico.

O universo familiar da peça, sombria fábula sobre a infância, é universal. Em pouco tempo, já estava dentro dela. Tenho a impressão de que você, leitor, também fará o mesmo.

A última frase que traduzi no texto foi "No levito en bañeras de cristal". A tradução da expressão está lá, na Cena 3. A minha vontade, em muitos momentos, era deixar no original. Esse não é o trabalho, claro. Mas as sensações diante de cada uma dessas palavras e expressões que me pareciam intraduzíveis foram essenciais. Foram essas sensações que me guiaram na tradução. Como o ar que o ator inspira, antes de falar.

Pedro Brício

MÜNCHAUSEN

Lucía Vilanova

Tradução Pedro Brício
Colaboração Branca Messina

PERSONAGENS

MÃE

NIK I

SOFIA

PAI

AVÓ

ESTRELA

NIK II

Os personagens Nik I e Nik II podem ser representados por bonecos, projeções, hologramas… ou por qualquer outro elemento que substitua a presença de atores-crianças de carne e osso no espetáculo.

Lá tudo teria irremissivelmente acabado se a fortaleza do meu braço não tivesse me puxado pelo meu próprio cabelo, juntamente com meu cavalo, o qual segurei firmemente entre minhas pernas...
— G.A. BÜRGUER, *As aventuras do Barão de Münchausen*

Imaginem! Cara a cara com um lobo! Nos olhávamos de uma maneira que não era exatamente amistosa. Se eu tivesse levantado o braço, aquela besta teria saltado sobre mim com uma fúria redobrada. Isso se podia ler plenamente em seus olhos flamejantes. Em poucas palavras: agarrei-o pelas entranhas, virei-o do avesso como se fosse uma luva, atirei-o contra o solo e ali o deixei.
— G.A. BÜRGUER, *As aventuras do Barão de Münchausen*

Numa hora incerta, a agonia retorna...
— SAMUEL TAYLOR COLERIDGE

I. EU NO MEU QUARTO

Um longo corredor com portas arqueadas. Uma delas está aberta. Veem-se prateleiras repletas de brinquedos, dois pequenos berços, lençóis e edredons azuis, e uma cadeira de balanço, onde uma mulher se balança, pensativa. Na sua frente, um carrinho de bebê para gêmeos. A mulher se levanta, inclina-se sobre o carrinho e levanta um bebê muito pequeno. Com ele nos braços, senta-se novamente na cadeira de balanço, desabotoa a blusa e aproxima o peito da boca do bebê.

MÃE: Você tem os lábios tão molinhos, Nik... o papinho tão molinho. Mais do que a Sofia. Mais do que o papai. Nunca tinha sentido uma cosquinha assim.

NIK: Gggchuuuaaaddd Dggccuuaach Chuuuaaabbb.

MÃE: Tão molinho, tão molinho... isso, assim que se mama... muito bem. Sou uma grande vaca polaca com litros de leite. Sou sua mãe. Mamãe.

NIK: Bbbbbbaaaaaaaaaaaaaaaaa.

Uma menina atravessa o corredor num patinete e se tranca num quarto, batendo a porta.

MÃE: Com a Sofia foi diferente.

No corredor, ouve-se o ruído de uma chave na fechadura.

MÃE: Esse barulho de chave... é o papai.

NIK: BBDDGGEEERRRR...

A porta da rua se abre. Um homem atravessa o corredor e também entra no quarto em que a menina havia entrado.

MÃE: A primeira vez que eu o vi, ele tinha os olhos radiantes. Era lindo como o Sol. Me disse: "Que mulher fecundável". "Fecundável?", eu disse.

NIK: Gamgonnguinnn...

MÃE: Ele era ginecologista-investigador-sábio: "Sinto a distância o cheiro de fêmeas como você." "Fêmeas como eu?" "Você cheira a oxitocina. Um cheiro de mulher que pare que é uma beleza." "Você quer filhos, sol da minha vida? Eu te dou quantos você quiser, se você me levar daqui." Nos casamos com a Sofia na minha barriga...

NIK: Wuuuaaaauuuuuooo...

MÃE: É, a Sofia... antes de dormir ele costumava me acariciar o ventre... Você acha que eu gostava?

NIK: Pssssssviffff...

MÃE: Eu gostava até perceber que não era eu quem ele acariciava. Então... uma cesariana. "Que pare que é uma beleza" coisa nenhuma. Os peitos, cheios de leite, me oprimiam. E ela sempre arisca, tensa. "Vamos, vamos" — o seu pai dizia — "faz a menina sugar. É assim que se libera" — e ria — "libera o quê?" "Como o quê? A oxitocina..." Então era àquilo a que eu estava cheirando!... "Você tem que relaxar. Você está tensa e a Sofia percebe. Relaxa, sorri, se concentra." E nos meus braços a víbora empertigada, retorcida, irritada. E a sua avó: "Não tem uma gota de leite. O que seria de uma vaca que não desse leite?"

NIK: GREJJJJJJJJ...

MÃE: Me mordia, me rachava. E eu suplicava, chorando: "Por favor, Sofia... suga... assim não vou ter oxitocina..." Os meus mamilos rachados e sangrando: "Se você não comer, minha filha, vai morrer." Um dia seu pai chegou com uma mamadeira e ela grudou os olhos na bicha... e, num trago só, sorveu tudinho. Se esponjava, sorria mamando com aquela boca de pato... e, logo em seguida, arrotou.

Uma senhora cruza o corredor numa cadeira de rodas motorizada.

MÃE: É a tua avó... ficou viúva e viemos para a casa dela... Como eu sou filha, tenho que... tenho que ficar aqui, com ela...

Estrela aparece no corredor. É uma mulata muito jovem, cheia de balanço, que se apoia num vaporizador de ambiente.

MÃE: Esse barulho quem faz é a Estrela.

NIK: Ñññññegggg... Guuunnnnmmm...

MÃE: Está aqui para limpar. E para que a Sofia fique imitando ela rebolar, claro, andando atrás dela no corredor. Ela disse que é bonita. É bonita?

NIK: Leeeeeggggggaaaaaalllll...

MÃE: Na minha opinião é feia. Esses lábios gordos, os olhos sinistros. Quando chegou a esta casa, eu estava com uma barriga imensa. Olhei para aquelas tetas infláveis, aquelas cadeiras gigantes, aquela bocona espumante e entreaberta... "Para uma mulata é feia. Não acha?"

NIK: Leeeeeggggggaaaaaalllll...

MÃE: Seu pai respondeu: "Não sei." E ficou olhando para a Estrela, quando ela passou faxinando... Me trancaram no quarto com a ultrassonografia. Para repousar. Para que vocês nascessem. Então, voltei a fumar. E ficava olhando vocês dois naquela foto da ultra, um chupando o dedo do outro, os dedos gordinhos. E já conseguia reconhecê-los. Pelo movimento. Você era o meu bebê calminho... tão molinho, tão molinho... Em três meses esse quarto se transformou numa cloaca de guimbas, plantas moribundas, poeira e negrume.

NIK: Bda...

MÃE: Eu estava tão angustiada... E se vocês nascessem doentes? E se nascessem deformados? Um dia, cedinho, pela manhã, a barrigona terminou de crescer, e estalou.

NIK: Ñusssssssssszzzzzzzzzzzzzzzzzzzzssssssppppaaaa-aaaafffff...

MÃE: Sem o seu pai, que não estava aqui... tinha um outro parto nesse mesmo dia, mas veio um amigo dele... o Médico Sorridente. O Médico Sorridente de mãos suaves e ternas como algodão... Por que você nunca chora? Não dorme ainda, meu filho. Tão molinho, tão molinho... Você acabou ficando sem a sua chupeta. Seu irmão não se salvou...

A Mãe abotoa a blusa. Olha longamente o bebê.

NIK: Ddggll...

MÃE: Ele te deixava pouco espaço. Foi conseguindo o melhor lugar e ficou mais forte e maior.

NIK: Ddggll...

MÃE: E comia sua comida. Meu pequerrucho, tão molinho, tão molinho...

NIK: Ddggll...

MÃE: Fiz o que pude acariciando vocês noite e dia, com a minha mão enfiada no buraco da incubadora. Agora você é o meu rei... Por que nunca chora?

NIK: Dggll...

MÃE: Eu sempre vou me perguntar se ter nascido antes do tempo não fará de você uma criança doente. Temos que falar com o Médico Sorridente das mãos de algodão. Um bebê que não chora é doente... Meu pequerrucho. Tão molinho... tão molinho...

NIK: Dggll...

Nik começa a chorar freneticamente. A Mãe coloca-o no carrinho. Em seguida, senta na cadeira, pensativa, enquanto o bebê continua chorando.

Três anos depois...

II. EU NO BANHEIRO

Nik cavalga no corredor no lombo de um burrinho inflável. Quica e flutua. Para na frente de um grande espelho, se olhando. Do outro lado do espelho aparece um outro Nik, rindo, idêntico a ele, a não ser pelo penteado. Nik II, atrás do espelho, usa um rabo de cavalo que prende seus cachos vermelhos. Mostra o seu penteado orgulhosamente a Nik I.

NIK II: Rabo de cavalo.

NIK I: ?

Nik I mostra, orgulhoso, três dedos para Nik II.

NIK I: Tês! Tês!

NIK II: Rabo de cavalo.

NIK I: ?

NIK I: Eu tenho tês! Tês, tês, tês, trêsssssssss!

NIK II: Rabo de cavalo.

NIK I: Ca-a-lo?

NIK II: É, caralho, rabo de cavalo.

A porta do banheiro se abre. A Mãe está ajoelhada na frente da banheira.

MÃE: Para o banho, Nik.

Nik II desaparece do espelho. Nik I apeia do seu burro inflável e entra no banheiro. A Mãe vai tirando a roupa dele. O vapor da banheira cria uma névoa que umedece os azulejos e embaça os espelhos, refletindo a imagem dos dois em vários ângulos.

MÃE: O prefeito disse que você é um menino muito bonito. E o bispo também. Apesar de você ter babado no anel dele. Vem... está pelando. Entra.

NIK: Frrrrriiiia...

MÃE: Não, está quente. Você gosta da água pelando. Como a mamãe...

NIK: Sofriiiiiiiia...

MÃE: Sofia e papai ainda devem estar se deliciando com os canapés.

NIK: Sofrrriiiiaaa...

MÃE: A Sofia está vindo. Mas eu te trouxe antes porque acho que você não está bem. Tão molinho. Viu as bochechas roxas de raiva da tua avó quando inauguraram a placa: CLÍNICA *A OLIVEIRA*. DIRETOR: SEU PAPAI. E... o que você me diz daquela fonte com um anjo fazendo pipi na entrada da sala de cirurgia? Até a mamãe... até a sua avó ficou sem palavras. Não falou nada.

NIK: Não fa... fa... [*Nik exibe, orgulhoso, três dedos para ela*] Tês! TRRRRRÊS!

MÃE: E a pele dela ficou verde quando entrou no berçário. Imenso. Enorme. E depois ficou branca, como eu fiquei, no laboratório, ao ver as gaiolas dos ratos-brancos e os aparatos de vidro e as gaiolas dos ratos-negros, os instrumentos pontiagudos e as seringas...

NIK: Seguingas...

Coloca Nik na banheira. Ensaboa o menino. No corredor, a porta da rua se abre e entra Sofia, uma menina irrequieta, de dez anos, e o Pai.

MÃE: Ah, a Sofia chegou. E o papai.

NIK: Sofrrrriiiiaaa! Sofrrrriiiiaaaaa!

MÃE: Para o banho, Sofia.

Sofia entra no banheiro.

SOFIA: Hoje, não.

O Pai entra no banheiro.

PAI: Aqui está a minha potranca lavando seu cavalinho manso.

MÃE: Vocês demoraram.

PAI: Me diverti com a Sofia no laboratório. Sofia, conta para a mamãe do ratinho-do-campo. Não era arisco como a mamãe? Conta.

Sofia se olha nos espelhos.

SOFIA: Não.

PAI: Demos uma injeção nele e... o que aconteceu em seguida, Sofia? Conta para a mamãe.

SOFIA: Não.

NIK: Nãoooooooooooooooooooooooooooooooooooooo ooooooo...

PAI: Se aproximou da sua mãe rata e a abraçou... Conta agora do outro rato-do-campo, com apatia sexual.

SOFIA: Não.

NIK: Nãoooooooooooooooooooooooooooooooooooooo ooo...

PAI: Sofia lhe deu uma injeção e ao lado... tinha uma bela rata-do-campo, e em seguida....

SOFIA: Treparam.

NIK: Tlepalam. Tlepalam. Tlepalam. Tlepalaaaaaaaaaa-aaaaaaaaamm.

MÃE: Fica quieto, Nik.

PAI: Para a mamãe, é melhor dizer que eles se acasalaram... [*silêncio*] O pior foi ter que aturar o bispo.

Para você conseguir algo nesta cidade tem que ficar o dia inteiro mamando hóstias.

NIK: Mamaaaaaando...

PAI: É, mammmmmmmaaaaaannnnnnndooooooo...

SOFIA: A Estrela diz que para se conseguir algo nós temos sempre que mamar... mesmo assim... eu não mamei.

MÃE: [*ao Pai*] Você preferiria voltar a ser um medicozinho do interior?

PAI: Não. Você é uma típica esposa da cidade.

MÃE: Você se entediava comigo. Mas não saímos de lá por minha causa. Para viver numa cidade pequena você precisaria de uma mulher mais...

SOFIA: Tarada.

PAI: Eu não me entediava com você. Eu gostava de te olhar, bela, enrubescida, transbordando de hormônios amorosos, com esse barrigão, esperando o Nik.

A porta da casa se abre. A Avó entra e atravessa o corredor numa cadeira de rodas motorizada. Tropeça no patinete de Sofia. Um baque.

MÃE: [*do banheiro*] O que foi, mamãe?

AVÓ: O que foi é que eu não vejo nada, caramba. O que foi é que o meu corpo está despencando. Que eu odeio os meus joelhos cansados. Que eu perdi vinte euros jogando buraco, depois dessa inauguração ridícula, caramba. Que eu sou irascível, caramba.

A Avó dirige a cadeira motorizada pelo corredor até o seu quarto.

MÃE: Gostei de rever o seu amigo... o Médico Sorridente.

PAI: Ele não é meu amigo.

MÃE: Eu falei... sobre o Nik.

PAI: O que do Nik?

MÃE: Olha o bracinho dele.

NIK: Bacinnnnnnho...

MÃE: E a fala. Não consegue terminar uma palavra.

SOFIA: Eu, ao contrário, falava claríssimo.

MÃE: Eu lhe disse para vir vê-lo.

PAI: Quem?

MÃE: Mas... ele me disse que era melhor que eu o levasse. Me disse para lhe dar quefir.

PAI: Quefir? Esse sujeito é um desmiolado...

MÃE: Por quê?

PAI: Ele é o clássico místico imbecil. Pratica tantra.

SOFIA: O que é tantra?

NIK: Tanta, tanta, tanta, tanta, tanta, tanta...

MÃE: Fica quieto, Nik. Quando eu quero que você fale, você não fala. [*ao marido*] Como você sabe que ele faz tantra?

PAI: É o que dizem as enfermeiras.

SOFIA: Eu não vou ser médica. Vou ser atriz... e... cantora de ópera.

MÃE: Para ser atriz tem que ser... alta. E para ser cantora de ópera... ter voz, alma nas cordas vocais, precisão, expressividade, peso nos pés, disciplina e amplitude torácica.

PAI: Você vai ter voz. E será alta.

SOFIA: Serei alta.

MÃE: Um tamanho normal para a sua idade. Eu a levei ontem ao pediatra.

SOFIA: Então serei normal. Não como o Niko-mico.

NIK: Frrrriiiiaaaa... Sofffrrriiiiaaaa...

SOFIA: SO-FI-A! Não é Sofria, anormal!

NIK: [*mostrando três dedos para Sofia*] Tês!

PAI: Sim, minha linda. Cantora. Com esse pescoço longo.

SOFIA: E viverei numa cidade pequena com você.

MÃE: E eu?

SOFIA: Você vai tomar conta do Nik. Eu vou virar cantora, atriz, bailarina, patinadora, e não uma insossa como você.

Silêncio.

MÃE: Você não quis dizer isso.

SOFIA: Quis, sim.

NIK: Tiiiiiiiiiiiiiiiiiiiiiiiiiiii...

Silêncio.

MÃE: Eu gostaria que você falasse com ele.

PAI: Com ele...

MÃE: Vou levar o Nik para que ele o veja. Olha o bracinho dele. Tão molinho... tão molinho.

PAI: Para que ele o veja?

MÃE: Para você nada tem importância, Nicolás.

PAI: Vem cá, coelhinha.

NIK: Cuuuuelhinhhha... usjhfu.

MÃE: Para você dá no mesmo que a Sofia me trate como a essas bonecas sujas e horrorosas dela. Que o Nik... que eu passe horas a fio com ele, tentando que ele fale algo coerente. Eu sei da sua vida pelas enfermeiras. Você entra e sai por aquela porta e nunca pergunta como eu estou.

PAI: Como você está? [*silêncio*] Vamos, sorria. Peça uma ajuda aos seus neuropeptídios. Não sabia que são os neuropeptídios que desencadeiam o sorriso?

SOFIA: O que as enfermeiras falam da vida do papai?

PAI: Vamos, peça uma ajuda a eles: neuropeptídios! Você também, Sofia, Nik. Vamos chamar aos gritos os neuropeptídios do sorriso da mamãe! Neuropeptídios!!!

SOFIA: Neuropeptídiooooooooooos!

NIK: Nerotedisíoooooooooooooos!

Gritaria. A mãe tira Nik da banheira. Esfrega o menino com uma toalha. Nik esperneia e geme suavemente.

MÃE: Pro banho, Sofia.

SOFIA: Já tomei banho.

MÃE: Quando?

SOFIA: Anteontem.

MÃE: Vou contar até dez.

A porta da rua se abre. Entra Estrela.

PAI: Hoje era seu dia de folga, Estrela?

ESTRELA: Ah, sim, sim, sinhô.

PAI: Então não sei... achei que tinha visto... uma luzinha negra, de longe, na inauguração.

MÃE: Ela não estava lá.

SOFIA: Tinha um encontro com o namorado.

PAI: Estrela... Estrela... você tem o nome de um astro de luz. Se você fosse um inseto, se chamaria de pirilampo.

ESTRELA: Ah, que lindo!

PAI: Você tem namorado?

Gargalhada de Estrela.

ESTRELA: Num é meu namorado. É meu amô.

PAI: Ele é daqui?

ESTRELA: É da poliça. Ele é gordim, gordim.

MÃE: Para a cama, molinho. Você deve estar com febre.

O Pai pega Nik nos braços.

PAI: Tem uma experiência famosa que fez uns patos machos virarem homossexuais. Três patos-carolinos foram alimentados juntos durante a chamada "estampagem", o "período sensível". E, quando chegou a época do acasalamento, cortejaram a si mesmos, cada um tentando levar o outro ao ninho para cobri-lo.

Risinho de Estrela.

ESTRELA: Ah! Que lindo...

MÃE: E daí?

PAI: Isso prova que a estampagem marca a preferência sexual. Sete anos depois da estampagem, Nik... os patos ainda viviam juntos, apesar da presença de inúmeras fêmeas...

SOFIA: Que maricas...

MÃE: E daí?

PAI: Não vá aveadar o menino, patinha.

SOFIA: Na minha sala tem alguns... pelo menos uns quinze que devem ter passado por essa estampagem aí.

NIK: E-ta-pagi.

Blecaute.

Dois anos depois...

III. EU NO QUARTO DOS MEUS PAIS

Nik passeia pelo corredor no lombo do seu burro. Quica e flutua. Para na frente do espelho. Do outro lado do espelho aparece Nik II, idêntico a Nik I, a não ser pelo rabo de cavalo de cachos ruivos.

NIK II: E aí, bebezão.

NIK I: !

NIK II: Te vi hoje de manhã, cedinho, quando você mamava na mamãe.

NIK I: Eu já tenho 5 anos. Não mamo mais.

NIK II: Estava... linda. Que merda! Lá sempre dão lenços para quem não tem meleca.

NIK I: Eu não mamo mais. Os cinco anos estão sendo os piores.

NIK II: Fiquei olhando para ela enquanto você mamava... Eu a olho todas as manhãs enquanto você mama... E aí, Nik, babaquildo! Você gostaria de morrer?

NIK I: !?

NIK II: Morrer é estar aqui.

NIK I: ...

NIK II: Por que você não deixou crescer o rabo de cavalo, cuzão?

NIK I: *`^^^`^*

NIK II: Eu já te disse, bebezão. O cabelo. Olha eu. Fiz um rabo.

Nik I tenta agarrar o rabo de cavalo de Nik II.

NIK II: Coloca um rabo de cavalo. Como eu.

NIK I: Como eu?

NIK II: É, babaca, como eu.

NIK I: Quem é eu? Eu? Eu sou eu? Ou você sou eu?... Você é eu?

Nik II desaparece. Nik I percorre o corredor devagar, montado no seu burro inflável, e passa diante da porta aberta do quarto de seus pais. O Pai e a Mãe estão enfiados na cama. Nik os espia. O Pai está falando ao celular. Desliga.

MÃE: Mais um mês perdido sem ir ao colégio. Outro mês.

PAI: Até amanhã, esquilinha.

MÃE: E nunca diz nada. Nada. É como um faquir. Eu olhei a garganta dele. Umas protuberâncias cheias de pus e sangue. Mas ele não disse nada. Esse menino nunca diz nada.

PAI: Se não diz nada é porque não é nada. Até amanhã, bonitona.

MÃE: E a Sofia é tão... igual ao seu avô de criação. Igual. Hoje se engalfinhou outra vez com a mamãe. [*silêncio*] Ontem levei os últimos exames do Nik... o Médico Sorridente disse que... que nada tem um efeito maior sobre o mundo psíquico das crianças do que a vida não vivida pelos pais...

PAI: Isso quem diz é Paracelso, não esse místico imbecil. Até amanhã.

MÃE: Eu queria tanto que você falasse com ele sobre o Nik... É um homem peculiar. Eu disse isso a ele. E o doutor me disse que havia pensado o mesmo de mim.

PAI: Peculiar... sim... essa é a palavra. Até amanhã, minha linda.

MÃE: Fico pensando em quando nós estávamos sozinhos. Sem filhos, quero dizer.

PAI: Você sempre teve filhos dentro de você.

MÃE: Sei... "Que mulher tão fecundável."

PAI: Eu disse adorável.

MÃE: Fecundável.

PAI: Adorável. Eu disse adorável. Por que eu teria dito fecundável?

Silêncio.

MÃE: Nik não é um menino saudável. [*silêncio*] Sabia?

PAI: O quê?

MÃE: Quando nós o fizemos...

PAI: O quê?

MÃE: O Nik. Nik. Nik...

PAI: O Nik?

MÃE: Foi na frente do espelho. Eu senti. Eu notei. Você me fecundou no corredor.

PAI: Como você sabe que foi ali?

MÃE: Eles estavam dentro. Eu vi os dois ali.

Silêncio.

PAI: Até amanhã, ratinha.

MÃE: Não dorme. Eu vi os dois! Eu vi! Eu vi!

Nik entrou no quarto, estacionou seu burro inflável e se colocou de pé diante da cama dos pais.

MÃE: Nik, deixa eu ver se você está com febre. O que está doendo, meu molinho? É a barriga?

NIK: O cabelo. Meu cabelo está doendo um pouquinho.

MÃE: Vamos ter que cortar.

NIK: Não quero.

PAI: E o que mais está doendo?

NIK: Eu vi, na saboneteira da pia do banheiro, um homenzinho azul.

PAI: Anda, vem.

NIK: Me conta uma história ou algo assim...

Nik se enfia na cama, no meio dos pais.

PAI: Era uma vez um rato solitário que ficou bem sociável. [*toca o celular do Pai*] Alô?

O Pai fala ao telefone. Nik fala com a Mãe.

NIK: Me conta uma história ou algo assim...

MÃE: Um sonho que tive ontem.

NIK: Tá.

MÃE: Eu me vestia de branco. Ia à clínica. Entrava no berçário e milhares de bebês saíam engatinhando dos bercinhos. Uma porta arqueada se abria e papai entrava com um jaleco brilhante. Abria os braços. Milhares de bebezinhos começavam a lhe subir pelas pernas, pelas costas, pelo nariz, pelos lábios, pelos olhos, pelas orelhas, pela cara.

NIK: E você gostava?

MÃE: Eu gritava. E então aparecia, voando... uma menina enfermeira branca. Era Sofia, com uma injeção na mão.

NIK: E te picava?

O Pai desliga o telefone e puxa Nik para perto de si.

PAI: Que história mais feia!... O rato solitário ficou sociável, Nik. E sabe por quê? Porque o papai injetou nele o gene da vasopressina. E sabe o que aconteceu? Ele começou a mostrar interesse por elas. Ficou bem simpático com as suas companheiras fêmeas.

MÃE: E você? Por que não se injeta esse troço então?

Silêncio.

PAI: O que você acha disso, Nik? Nós não precisamos de injeção... E sabe por quê? Porque a nossa injeção é ela. [*silêncio*] Vou te contar a história do dia em que eu a conheci. [*toca o celular*] Alô?

Nik se volta para a mãe.

NIK: E o que mais aconteceu, mãe? A Sofia te picava?
MÃE: Não. Me olhava.
NIK: Já sei como.
MÃE: Você tomou todo o quefir?

O Pai termina de falar ao celular. Traz Nik para perto de si.

NIK: Como vocês se conheceram?

PAI: Havia outras trezentas meninas de sainha cinza na entrada do colégio. Mas eu prestei atenção... era ela! Fechei os olhos... arranquei a saia cinza... e a vi nua, redonda, brilhante e lisa e cheia.

NIK: Estava cheia de quê?

PAI: Cheia de... bebês como você.

NIK: Cheia de dois bebês?

Silêncio.

MÃE: Eu era uma baleia cheia.

Os três riem.

PAI: Uma baleia serena com um pescoço elegante, estreito e comprido.

NIK: A mamãe era uma baleia?

PAI: Mamãe era uma baleiona.

Nik e o Pai se acabam de rir.

MÃE: Eu posso dizer que sou uma baleia, ok? Mas você, não.

Silêncio.

PAI: Foi o Nik.

NIK: Euuuuuuuu?

Toca o celular.

PAI: Alô?

Nik se volta para a Mãe.

NIK: E o que mais acontecia?

MÃE: Não me chame novamente de baleia, Nik.

NIK: Mas foi você que se chamou assim.

MÃE: Quem está do seu lado todas as manhãs, quando o seu estômago dói e você não quer tomar café da manhã? Uma baleia? Quem está com você quando você não consegue pegar a caneta porque diz que ela faz os seus dedos crescerem? Uma baleia? Quem te prepara o quefir? Uma baleia? Nunca mais me chame assim.

O Pai desliga o telefone. Acaricia a Mãe.

PAI: Nunca mais chame a mamãe de baleia, Nik.

Um silêncio. Toca o celular do Pai. Nik se volta novamente para a Mãe.

NIK: Que mais você sonhou?

MÃE: Mais nada. Eu acordei.

NIK: Chorando?

MÃE: É.

NIK: Você ficou com os olhos molhados. Me conta uma outra história ou algo que não seja um sonho e que também não molhe os seus olhos.

MÃE: Era uma vez uma menina sonolenta, com um pescoço muito comprido, que entrava nas nuvens e ficava por ali. Um dia... se sentiu tão à vontade coberta, como entre as nuvens, entre os travesseiros e o edredom da sua cama... que quis ficar ali para sempre, arrebatada... adormecida... Ela também enchia a banheira... colocava os pés pequenos na água e... se queimava... depois, as pernas, e então as coxas, e em seguida...

NIK: Se queimava?

MÃE: Se abrasava. Ela queimava a pele. Mas isso a fazia gemer... e ela gostava.

O Pai desliga o telefone.

PAI: Que história mais boba.

NIK: Eu não gosto dessa história. [*Nik se volta para o Pai*] Então... entre trezentas garotas, você arrancou a saia cinza da mamãe.

MÃE: Ele me cheirou.

PAI: Eu te cheirei? Não, não te cheirei.

MÃE: Me cheirou, sim. Me farejou. Não sou tão boba. Eu sinto as coisas, você me cheirou.

PAI: Tá bem, tá bem... então eu te cheirei.

MÃE: Você me aspirou. Fez assim: AHHHHHHHHhhh-hhhhhhhhhhh...

PAI: Tá bom, tá bom. Então eu te aspirei. Te cheirei.

NIK: A mamãe fazia "kik" quando se mexia?

PAI: Acho que não. Não fazia "kik".

MÃE: O negócio é que a menina era muito feliz assim, indo da banheira à cama, da cama à banheira. Até que um dia entraram no banheiro, e deixaram-na sem água...

NIK: Quem?

MÃE: A mãe e o pai dela... A menina tinha um pai magricela, de ossos secos.

NIK: Eles faziam "kik"?

MÃE: Não. Faziam "ptak"... e, entre gritos, tiraram ela para sempre do calor da banheira e do estupor da cama e a jogaram num colégio de pedra infestado de freiras anãs.

NIK: Também não gosto dessa história. [*Nik se vira para o Pai*] Então você cheirou ela?

PAI: Parece que sim, e o que eu cheirei — aquele cheiro — me convenceu de que eu não precisava continuar procurando. E assim acabou a história. Até amanhã.

NIK: Essas histórias são muito ruins.

A porta da rua se abre. É a Avó. Ela cruza o corredor em sua cadeira de rodas motorizada e para diante da porta do quarto dos pais.

AVÓ: O que vocês estão fazendo acordados? Niki-nik está com febre?

NIK: Estamos contando histórias. Conta uma também, vovó... sem ficar com os dentes mexendo.

AVÓ: Eu sei que não sou bem recebida aqui. Mas como estou na minha casa, entro.

PAI: Até amanhã, dona Sofia.

O Pai se estira na cama e coloca o travesseiro sobre a cabeça.

AVÓ: Fui fazer um lanchinho com elas. Elas não têm muitos lanches pela frente, vocês sabem, porque logo, logo vão bater as botas. Em seguida, fomos ao concerto e jogamos canastra. Perdi até um anel. Lobas! A única coisa que te peço, Nik, se você voltar a frequentar o colégio, é que não deixe os outros perceberem que você tem massa cinzenta dentro da cabeça. Se perceberem, você está acabado. Eu minto até quando digo que estou mentindo. Eu minto sempre a esses coisanenhuma que tem por aí. E nunca, jamais, mostre que você repara nas mentiras que eles contam. Porque eles te farão pagar por isso. Que eles nunca percebam que você sabe que eles são coisanenhuma. Se percebem que você já percebeu, eles não gostam. Porque os coisanenhuma sabem que são coisanenhuma, mas detestam que você o saiba. [*para a Mãe*] Sua cara está péssima. É incrível que uma mãe tenha uma pele melhor do que a da filha. Todo mundo me diz isso.

MÃE: O que te dizem?

AVÓ: Claro que quem já teve... sempre terá.

MÃE: O que vão te dizer, mamãe? Que você parece uma uva-passa?

AVÓ: Sabe de quem você parece filha? Do outro. Eu passo dias e dias lanchando com elas... e elas vão morrer sem me passar a perna, sabe por quê? Porque eu fiz elas acreditarem que eu não sabia de nada. Somente no final, no último estertor, vou fazer com que elas saibam de tudo de repente.

MÃE: Que saibam o quê?

A Avó se balança na cadeira de rodas.

AVÓ: Que eu vou morrer e que a vida foi uma bazófia, caramba. Mas elas também vão morrer, e antes quero que elas saibam que a vida delas também foi uma bazófia. Aquelas caras de endívia, frígidas, rançosas, franquistas, gananciosas, beatas e asquerosas. Com filhas iguaizinhas a elas, melindrosas, taradas e feias, que também têm filhos afetados, irresponsáveis e viciados. Lanches, mentiras, esconderijos, negligência, igrejas, canastras, ruminações ansiosas, invejinhas, turistada, preguiça, veraneios, bazófia... Eu, sim, fui pescar salmão com o Caudilho. Muitas vezes, atravessando o rio, meu marido e eu. E isso que ele era maçom. Mas Franco, que era um coisa-nenhuma bobalhão, nem tomou conhecimento. E como prêmio por uma vida plena de bazófia, quando os anos se passam, como prêmio, nós enrugamos, encolhemos, os ossos doem... como prêmio por uma vida de bazófia, caramba. Ouviram? Prêmio.

A dentadura da Avó começa a se mexer.

MÃE: Não fale essas coisas na frente do Nik.

AVÓ: E você? O que você fala para esse menino, caramba? Todo o dia assim suspirando, fazendo o coitado engolir essas gororobas, tirando a temperatura dele e se fazendo de mártir? Eu sei o que você está pensando. Que não quer ser uma velha como eu.

MÃE: Você sempre tem que pensar em coisas desagradáveis.

AVÓ: Mas acerto. Não sou de pisar em ovos.

MÃE: Como quiser.

AVÓ: Está vendo? Sempre acerto. A Estrela ainda não chegou?

MÃE: Tenta, então, por um dia, colocar a sua fralda sozinha.

AVÓ: Ou você. Vem colocar uma em mim. Também coloquei muita fralda em você, minha filha. Você ainda não coloca no Nik, que com cinco anos ainda se mija?

A porta da rua se abre. Sofia e Estrela entram.

AVÓ: Caramba, Estrela! A fralda.

ESTRELA: Ai, sim, senhora... A fralda...

MÃE: Sofia, são onze e meia. Amanhã você não vai sair.

SOFIA: Estávamos na pista de gelo. Patinando...

MÃE: Não me interessa. Amanhã você não sai.

Silêncio.

SOFIA: Aproveito esta reunião para dizer que em seis meses vou pular fora. Vou abandonar tudo. O colégio. Essa chuvinha nojenta. Vou para Amsterdã trabalhar. Soube que *lá também chove,* mas tudo bem. E amanhã vou sair. [*Sofia se deita ao lado do Pai e o abraça*] Papai... eu vou sair, né?

MÃE: Deixa o seu pai dormir.

SOFIA: Você não está dormindo, não é, papai? Você está fingindo para não prestar atenção, não é? [*para Nik*] E você, não me olha com essa cara de imbecil. [*para o Pai*] Eu vou sair, né?

MÃE: Não, não vai.

Silêncio.

SOFIA: Vou para Londres. Assim que fizer 14. Para não ser como você.

MÃE: E você vai ser como quem?

SOFIA: Eu sou diferente dentro de mim.

MÃE: Como você é... dentro de você?

SOFIA: Não posso te dizer. Você teria medo.

Sofia sai como um furacão. Atravessa o corredor. Bate a porta do seu quarto. Risinho da Avó, que também sai do quarto em direção ao corredor, na cadeira de rodas motorizada. Estrela a segue.

AVÓ: Você também estava patinando? Devia parecer uma mancha negra na pista de gelo.

ESTRELA: Ah, sim, senhora. Eu parecia messsmo uma mancha de café com leite quando eu patinava no meio daquele povão clarinho, e aquele gelo todo por ali. Cê sabe? Eu parecia assim meio que... uma bala de café...

Saem pelo corredor. No quarto, Nik, estatelado entre o Pai e a Mãe, treme, seu corpo começa a ter espasmos.

MÃE: Nik... meu molinho. [*ao Pai*] Está vendo? Nik... Nik...

PAI: Nik...

Blecaute.

Um ano depois...

IV. EU NO QUARTO DE SOFIA

Nik quica pelo corredor no lombo do seu burro inflável. Para diante do espelho. Do outro lado do espelho aparece Nik II.

NIK II: Não vai ao colégio hoje de novo?

NIK I: Não. Esta noite me apareceu uma pereba e voltei a vomitar.

NIK II: Por que você não morre?

Silêncio.

NIK I: Os seis anos estão sendo os piores. A última vez que fui ao colégio, cortaram a minha carteira com um estilete.

NIK II: Quem?

NIK I: Um cara. É meu amigo... mas não é uma pessoa muito legal... Depois fiquei tonto... e a mamãe não estava lá para me segurar.

NIK II: Por que você não morre?

NIK I: Ontem eu sonhei que uma piranha me engolia.

NIK II: Te mastigava?

NIK I: Não, me engolia. Inteirinho.

NIK II: As piranhas são pequenas.

NIK I: É que eu diminuía. Ficava assim, pequenininho.

NIK II: Por que você não morre?

NIK I: E você, quem é? Você é aquele que faz "kik"?

NIK II: Pô, cara, você não se lembra de mim? Nós ficamos juntos quase oito meses, enfiados numa bolsa dentro de um aquário. E, num piscar de olhos, veio um maremoto que nos lançou de cabeça contra um osso da mamãe. Você desmaiou. Então, me dei conta de que havia um buraco muito negro, um precipício, estreito... "Uma saída", pensei, e agarrei nos meus cachos e me enfiei, retorcido, primeiro mergulhando e, com a outra mão, te agarrei pelos cachos e te arrastei atrás de mim. Lutei e venci. Fui eu que abri o caminho para você. E aí, babaquinha, se lembra ou não?

NIK I: Mmmmmmmm...

NIK II: Você estava mudo e azul, e uma enfermeira alta, com dois peitões assim, avançou na tua direção e te deu umas palmadas no bumbum. Não se lembra?

NIK I: Mmmmmmmmmmmmmmmmmmmm... não sei.

NIK II: Te encheram de tubos e te levaram embora. Nos separaram. Eu pensei: "Vai morrer, meu irmãozinho vai morrer." Mas acabou que fui eu que empacotei. Se lembra?

NIK I: Eu sou um coisanenhuma?

NIK II: O que é que você acha?

NIK I: Estou deixando crescer um rabo de cavalo.

NIK II: Melhor assim.

Nik II desaparece. Nik I quica pelo corredor montado no seu burro inflável. Passa diante do quarto de Sofia. Ela está atirada na cama, enquanto Estrela recolhe uns cacarecos espalhados pelo quarto. Nik estaciona seu burro e entra.

SOFIA: Ontem te ouvi choramingando na cama.

NIK: É por causa das coisas que eu sonho.

SOFIA: Eu não sonho. O que faço é voar.

ESTRELA: Num é que a pessoa num sonha... é que num si alembra...

NIK: Os negros sonham com o quê?

Risinho de Estrela.

ESTRELA: Com coisas...

NIK: Uma piranha me engolia.

SOFIA: Mas uma piranha é pequena...

NIK: Eu sei.

SOFIA: Então, voei. Estava deitada na cama, fazia calor... meus ouvidos apitavam... o meu corpo saiu do corpo. Um corpo ficou na cama... com o outro, voei até o teto. Olhei para baixo e disse adeus ao meu corpo da cama. Saí voando. Voei pelo corredor...

NIK: Você faz "kik" quando voa?

SOFIA: Não faço ruídos quando voo... entrei voando no quarto da mamãe e do papai... estava chorando.

NIK: Quem?

SOFIA: A mamãe. Como você. Choramingava.

NIK: Mentira.

SOFIA: Verdade. Não sei como o papai aguenta ela. Nunca sai. Sempre em casa. Por sua culpa.

NIK: Por minha culpa?

SOFIA: Por causa da febre.

NIK: E o papai?

SOFIA: Gritava.

NIK: Papai não grita.

SOFIA: Ontem gritou.

NIK: Eles sempre dormem juntos.

SOFIA: E daí?

Risinho de Estrela.

ESTRELA: Será qui eles vão querê dormi sempre juntim? Eu digo isso porque... sempre... pra sempre... com o mesmo cara... já imaginaram? Pra sempre, sempre, sempre, sempre, sempre, sempre, sempre, sempre, sempre.

NIK: Pra sempre, sempre, sempre, sempre, sempre, sempre, semp...

SOFIA: Cala a boca.

Silêncio.

NIK: Talvez ela estivesse chorando por isso.

SOFIA: O papai não gosta da mamãe. Quando viu a mamãe pela primeira vez, o papai pensou numa vaca leiteira... e polaca. [*silêncio*] De repente, tive muito medo e meu corpo voltou voando pelo corredor e entrou de novo no meu outro corpo. O da cama.

Silêncio.

NIK: Estrela, conta uma história para a gente com a tua boca grande. De como conheceu o teu namorado, o gordo.

ESTRELA: Eu embarquei num avião pra vir trabaiá nessa cidade... e, assim que cheguei, passeava e chorava pelo calçadão da praia. Não tinha o meu visto, cês sabe, e aí três poliça muito lindos me garraram os cabelo, me tocaram as tetinha, me apalparam... [*Estrela ri*] Pra me revistar... me levaram pruma praia... e me deixaram lá uns meses...

NIK: Te deixaram sozinha?

ESTRELA: Ah, não... tava cheinho de gente... Todo mundo dentro de uma cerca que só te espetava quando ocê tocava nela. Não arrumaram barracas, e chuveiros para as muié.. nem um refeitório pra comê.

NIK: E o que você comia?

Estrela ri.

ESTRELA: Merda. Um dia...

NIK: O quê?

ESTRELA: Eu tava deitada na areia chorando... e, oia só, de repente, cavando a areia, garrei uns binóculos... enterradim... empapados de areia... binóculos de couro negro, purim. Voltei correndo para a cerca e mirei num arranha-céu. Fiquei olhando e contando aqueles quadradim todo... 235... um por um... e aí apareceu o meu gordim... com uniforme da poliça... ai, sim... lá mesmo... do lado da cerca. Naquela praia. Num sei o que aconteceu. Foi me dando um fogo na pele... [*risinho de Estrela*] No meio das pernas. E ele me disse que aquele quadradim que eu estava olhando era o apartamento dele. Puro acaso.

SOFIA: Sincronicidade... não existe acaso.

ESTRELA: É... sei lá. E então eu disse pra ele me levar pra casa dele. Eu disse que era só ele querer, que eu ia passar as noites todas trotando como uma eguinha em cima da barriguinha-pancinha-gordinha dele.

Sofia escuta distraída, com o rosto colado na janela.

SOFIA: *Il pleut dans mon coeur*
Comme il pleut sur la ville,
Quelle est cette langueur
Qui pénètre mon coeur?
Ô bruit doux de la pluie
Par terre et sur les toits!
Pour un coeur qui s'ennuie
Ô le chant de la pluie!...

Quero escapar. Quero pular fora sem guarda-
-chuva. Desta cidade onde chove mijo cinza.
Deste urinol enevoado. E, no teatro, nunca mais
vou ficar na plateia. Quero ficar lá em cima, no
palco. Lá... com ele... as roupas no baú e direto
pra estação. Pegaremos teleféricos, carruagens,
barcas e fragatas... ele canta... eu canto e ele me
ama e eu sou Tosca e eu entro na igreja e canto:
"Mario... Mario... Mario..." E ele canta: "Son
qui" e então... [*a Nik*] Você é Scarpia, o sátiro, o
perverso. Quer me possuir. Quer trepar comigo,
e eu te mato e te mato e te mato.

*Sofia saca uma adaga de plástico e apunhala várias vezes
Nik-Scarpia. Nik grita e cai no chão... Sofia sobe nele e re-
cita.*

SOFIA: "E avanti a lui... tremaba tutta Roma..."

Sofia levanta Nik.

SOFIA: Agora você é Mario. O meu amor. Os soldados
vão te fuzilar. Mas eu consegui comprá-los e...
não te fuzilarão.

NIK: Não me fuzilarão?

SOFIA: Te fuzilarão de mentira. E então, quando se fo-
rem, eu me aproximarei devagar e te direi: "Presto, su... Mario... Mario..." Traição! Te mataram de
verdade e você não se levantava. Eu te sacudia e
você... não se levantava.

NIK: Me mataram?

SOFIA: Sim. E então eu subia naquela torre e me suicidava.

NIK: Tá.

SOFIA: Estrela, você é... os soldados.

Nik-Mario fica de pé, com trágicos braços abertos. Estrela aponta com o cabo da vassoura. Atira. Nik-Mario cai. Um silêncio e Sofia se lança sobre Nik-Mario.

SOFIA: "Presto, su... Mario, Mario..."

Nik-Mario continua imóvel. Gritos estridentes de Sofia.

SOFIA: "Mario! Mario! Mario!" [*Sofia, fazendo gestos enlouquecidos, sobe na cabeceira da cama*] "Oh, Scarpia! Avanti, iddio!!!"

Se joga atrás da cama. Um baque. Um longo silêncio. Nik se levanta lentamente. Estrela e Nik se entreolham.

NIK: Sofia?

ESTRELA: Sofia?

Estrela caminha devagar até chegar atrás da cama.

ESTRELA: Virge Maria de Altagracia! Minha menina Sofia. Tem sangue demais. Na cabeça. Borbotões. Tá jorrando sangue... morreu.

Estrela geme. Nik caminha com passos bem curtos até chegar atrás da cama.

NIK: Sofia... Sofia... Sofia... Sofia...

Sofia salta sobre Nik. Risadas de Sofia e Estrela. Nik chora. Nik monta no seu burro e sai para o corredor. Estaciona ao lado do espelho e se olha. Do outro lado, aparece Nik II chutando o vidro do espelho.

NIK II: Por que você não deu um chutão na xana delas?

NIK I: De quem?

NIK II: Delas.

NIK I: Era uma brincadeira.

NIK II: Babaca.

NIK I: Não cortei o cabelo. Estou bonito?

NIK II: Não.

NIK I: Estou feio?

NIK II: Vai perguntar para mim? Não sou veado.

NIK I: Eu tô feio. É por causa dos sonhos que eu tenho. Acordo de repente. Fico com medo e me encolho todo na cama. E... a mesma coisa de sempre, Nik... no corredor começo a ouvir o "kik".

NIK II: Investiga isso, babacão... será... quem será?

NIK I: Esse "kik" que eu ouço, na verdade, eu não ouço de verdade. Como eu estou doente...

NIK II: De quê?

NIK I: Não sabemos ainda... a Sofia disse que voa.

NIK II: Por que você não deu um chutão na xana dela?

NIK I: Porque tenho os pés chatos. Sofia sabe das coisas porque voa. Mas eu não, porque não estou bem.

NIK II: Investiga isso. Eu, daqui, percebo os olhares aqui e ali, ainda que sejam sutis... Microfagulhas de olhares... Olhares microscópicos de tão rápidos que são. Mas eu, bobão, percebo eles em câmera lenta...

NIK I: Eu, não. Mas eu ouço coisas que eles não ouvem. Escuto um "kik". Os seis anos estão sendo os piores.

NIK II: Por que você não morre? Acha que eles chorariam muito?

NIK I: Não, porque eu sou baixinho.

NIK II: "Porque eu sou baixinho..." Por que você não morre de uma vez, seu babaca?

NIK I: Morre você.

Nik II tira uma caixa de fósforos do bolso e dá a Nik I.

NIK II: Vou te ensinar a acender os fósforos.

A Mãe sai do seu quarto. Nik II desaparece.

MÃE: O que você está fazendo com esses fósforos, Nik? Onde eles estavam?

Nik aponta para o espelho.

NIK: Ele me deu. O do espelho.

Silêncio.

MÃE: Me dá aqui. Eu sempre te disse isso, filho. Não é bom mentir. Você não tem vergonha de ficar inventando histórias assim?

NIK: Não.

MÃE: Em uma hora você tem que estar no hospital.

NIK: Vocês vão me deixar lá?

A Mãe acaricia Nik.

MÃE: Por alguns dias… sim.

Sofia sai do seu quarto e o Pai entra da rua. O Pai fala ao telefone.

NIK: Papai… vocês vão me deixar lá?

O Pai dá uns soquinhos no ombro de Nik.

PAI: Só por uns dias... sim.

SOFIA: [*imitando Nik*] Papai, papai... vocês vão me deixar lá?

Sofia dá uma gargalhada. A Mãe a esbofeteia, atravessa o corredor e entra no quarto. O Pai vai atrás dela.

NIK I: Sofia, não se esquece de inflar o meu burrinho.

SOFIA: Quando você voltar, não estarei mais aqui.

Sofia atravessa o corredor e entra no seu quarto. Atrás do espelho aparece Nik II.

NIK I: Tchau. Vou pro hospital. Por uns dias. Vão me deixar lá.

NIK II: Por que você não morre?

Blecaute.

Seis meses depois...

V. EU NO QUARTO DA VOVÓ.

Nik, com um rabo de cavalo de cachos vermelhos, galopa pelo corredor no seu burro inflável. Passa na frente do quarto da Avó, repleto de objetos dourados e ornamentos vindos do

Caribe. Ela está esparramada numa cadeira de balanço. Estrela está em pé atrás dela, penteando-a. Nik entra, estaciona seu burro e se senta numa poltrona grande, ao lado da Avó.

AVÓ: [*a Estrela*] Você continua com o gordo?

Risinho de Estrela.

ESTRELA: Sim, senhora... positivo...

AVÓ: Ele gosta de negras, não é?

Gargalhada de Estrela.

ESTRELA: Ah... sim.

AVÓ: O Sebastián não gostava de negras. Só gostava de mim. Adorava uma branquinha. Se eu ainda tenho a pele linda, imagina como era esplendorosa naquela época.

ESTRELA: Sim, senhora.

AVÓ: Muito melhor do que a da minha filha agora. E melhor que a sua... mais luminosa.

ESTRELA: Sim, senhora. Muito meió.

Estrela começa a desembaraçar os cabelos da Avó.

AVÓ: Hoje é a sua tarde de folga?

ESTRELA: Sim, senhora.

AVÓ: O que você vai fazer?

ESTRELA: Ah... tomá um golinho com duas amigas... talvez...

AVÓ: Moreninhas? Esta cidade nunca teve negros, e agora parece uma selva. [*a Nik*] Você também não vai ao colégio hoje?

NIK: Estou com febre e vomitei verde. Os seis anos e meio estão sendo os piores.

Estrela faz um cacho enorme com uma mecha lateral do cabelo da avó e o laqueia.

NIK: Você não gosta de ver negros?

AVÓ: Mais ou menos. Eu gosto de vê-los dançar.

NIK: Vovó, se você não gosta de negros, por que você foi lá para longe, onde todos são negros?

AVÓ: Para desbravar essa gente. Para civilizar. Essa gente não gosta de trabalhar.

ESTRELA: É foda, sô...

Estrela modela o cabelo da Avó com força, e o cacho laqueado se transforma num chifre em um dos lados da cabeça da Avó, que treme a boca. Nik sobe no colo dela e lhe dá um beijo.

NIK: Vovó, me conta uma história ou alguma coisa assim. Sem mexer a dentadura.

Silêncio. A Avó sorri. Se mexe na cadeira de balanço.

AVÓ: Eu tinha uma pele... cheguei para ser professora, em um povoado verde, incrustado entre quatro montanhas... e ali conheci Sebastián. Ele era baixinho, rechonchudo, bochechudo, e estava sempre contente, como eu... Agora eu também estou bonita. Todo mundo diz. Ele queria ficar rico. Não era um conformista. Espero que você também queira.

NIK: Bom, como o papai.

AVÓ: Esse é um metido a besta.

NIK: Para ser rico tem que ser metido a besta?

ESTRELA: Claro, sô...

Estrela manuseia agora uma mecha de cabelo do outro lado da cabeça da Avó.

NIK: Então o vovô era metido?

ESTRELA: ... devia ser metido, o danado...

AVÓ: Não responda, caramba. Essa vida de sombra e água fresca de vocês uma hora vai ter que acabar. Não é verdade? Não sei, é só o que penso... vocês só levantam a bunda se for para ir buscar uma garrafa de rum...

Risinho de Estrela.

ESTRELA: Minino, não chateie sua avó.

Estrela faz um outro cacho no cabelo da avó, do outro lado da cabeça. Enche-o de laquê.

AVÓ: Me deu um beijo, rindo, me jogou no carro e, às gargalhadas, saímos dirigindo por entre as quatro montanhas. Me deu um beijo, me fechou os olhos, me meteu num barco e atravessamos o mar... ríamos tanto... chegamos em lugares onde a água era verde-esmeralda. Me deu outro beijo. Abriu meus olhos, e então vi de longe...

ESTRELA: Milhares de palmeiras enfileiradas... o cais de Quisqueya...

AVÓ: No cais... quem nos buscou lá foi um irmão, bem magricela, que ele tinha...

NIK: Fazia "kik"?

AVÓ: Não. Fazia "crunch"... e Sebastián trabalhava. Chegava de noite com a camisa *goiabeira* suada e eu lhe fazia um prato cheio de pedacinhos de manga, banana, mamão, e fazíamos a festa.... rolávamos pelo chão e gargalhávamos... Ele abriu uma loja com o irmão... e depois outra e mais outra. Sabem por quê? Porque trabalhavam.

ESTRELA: Ah, sim, sim, senhora. Com certeza trabaiavam.

A Avó se balança na cadeira. O cacho de cabelos laqueados se transforma em outro chifre pontiagudo na cabeça da Avó, que é modelado por Estrela.

AVÓ: Naquela época eu tinha cozinheira, passadeira, duas arrumadeiras haitianas, um jardineiro e um chofer.

NIK: O que é haitiana?

ESTRELA: É uma gente muito negra.

NIK: Mais negra do que você?

Estrela gargalha.

ESTRELA: Ah, sim.... gente muito feia... [*risinho de Estrela*] E eles abriram tantos negócios sozim, sozim, sozinhos... só os dois?

AVÓ: Contratavam uns nativos... sem ambição. Porque vocês não têm ambição.

ESTRELA: Ah, não, senhora... nadica de ambição...

Estrela faz um coque com a mecha central dos cabelos da Avó.

AVÓ: Isso de assegurar os direitos dos empregados, como se faz agora, não existia e era melhor.

A Avó tira uma foto amarelada do peito. Fica em silêncio.

NIK: E que mais? Não acontece nada nessa história.

AVÓ: O irmão do seu avô fez tanto dinheiro que voltou para a Espanha e virou maçom... de tão rico que era.

NIK e ESTRELA: O que é maçom?

AVÓ: Olhem no dicionário, caramba... ou ingressem no magistério, como eu... Onde eu estava?

NIK e ESTRELA: De tão rico que ele era.

AVÓ: Fomos até o cais nos despedir dele, Sebastián e eu... e demos a notícia ao magricela.

A Avó silencia.

NIK: Que notícia?

AVÓ: Que íamos ter um filho... Sebastián e eu.

Risinho de Estrela.

ESTRELA: Ah, que bonito...

NIK: E o que ele disse?

AVÓ: Nada... era um magricela pomposo. Balançávamos lenços, nos despedindo, até que o barco desapareceu. Ríamos. Teu avô me beijava. Me beliscava a barriga. E ríamos. Ríamos e gargalhávamos... e então ficou ali, com o olhar fixo, debruçado no mirante.

NIK: Quem?

AVÓ: Seu avô. Morreu ali mesmo. Um derrame cerebral depois de uma gargalhada.

A Avó chora e beija a foto amarelada.

NIK: Morreu?

Risinho de Estrela. Ela se benze.

ESTRELA: O cérebro se esparramou. Que descanse em paz...

AVÓ: Ficou lá para sempre...

NIK: Para sempre, sempre, sempre, sempre, sempre, sempre...

AVÓ: Me colocaram num barco que zarpava para a Espanha. Eu entrava na banheira com a água pelando. Me dava socos na...

Nik faz um bico de choro. A dentadura da Avó começa a se mexer.

NIK: Para quê?

Risinho de Estrela.

ESTRELA: É, meu fio... está clarim. Pra tirar. Pra que o nenê não nascesse...

NIK: A mamãe? O que você fez com a mamãe? O que você fez?

Nik se levanta do colo da avó e berra e perde o ar e arfa e tosse ao ver o penteado dela. Se agacha perto do burro. Risada de Estrela.

AVÓ: Para me casar. E parir a sua mãe. Para me casar com o tal irmão magricela e pomposo. E suportá-lo até o dia da sua morte.

Gargalhada de Estrela. A dentadura da Avó vai se desencaixando. Nik monta no burro e sai, a galope, pelo corredor. A porta do quarto da Avó se fecha. Nik para diante do espelho. Cai, exausto. Nik II aparece.

NIK II: Tá chorando por que agora, bobão?

NIK I: E a mamãe? A vovó quase a matou! Queria tirá-la, na banheira. Queria queimá-la... os dentes da vovó estão sangrando. Virou uma diaba.

NIK II: Por que você não morre?

NIK I: Porque eu sou um menino... jovem.

NIK II: Quando você morrer... vai poder fazer o que quiser.

NIK I: Só tenho seis anos e meio. Os seis anos e meio estão sendo os piores. Eu ouço um ruído de noite. Eu ouço "kik".

NIK II: Babaquara...

NIK I: Um "kik". Um "kik" que atravessa o corredor. Não é um barulho como o de enfeite da cristaleira nem o ranger do carpete.

NIK II: Não seria "ranger do assoalho", bobão? Investiga.

NIK I: Vou investigar. É um ruído de osso humano que vai até a cozinha. Faz uns barulhos como se pulsasse no vidro. É como uma rolha que faz "bap" e depois o "kik" atravessa o meu quarto e se perde no final do corredor.

NIK II: Investiga.

NIK I: Sim! Eu fico atrás deles, mas nenhum deles faz "kik".

NIK II: Investiga.

NIK I: Vou investigar.

NIK II: Você prestou atenção em como eles olham?

NIK I: Sofia, com olhos vermelhos. Estrela tem duas trufas negras. Papai não tem olhos. Vovó olha com o cinza dos ratos e mamãe tem um aguaceiro branco nos olhos.

NIK II: E o que mais?

NIK I: Não sei.

NIK II: Não sabe?

NIK I: E, além do mais, mamãe sabe o que eu penso e sente o que está doendo em mim, ao mesmo tempo que eu... ela faz uma cara e aí eu entendo o que está acontecendo.

NIK II: O que está acontecendo, bebezão?

NIK I: Não, não. Se você me atormenta tanto eu não consigo responder.

NIK II: Não se faça de inocente. Você está pensando em alguma coisa. Me diz. Diz, bobão...

Silêncio. Nik I chora.

NIK I: É que eu não tô legal.

NIK II: Investiga.

NIK I: É que acho que eu não sei investigar.

NIK II: Por que você não morre?

NIK I: Porque tenho que investigar.

NIK II: Nesta casa todo mundo sangra. Por que você não morre?

Blecaute.

Seis meses depois...

VI. EU NA COZINHA

Nik trota pelo corredor no seu burro inflável e para na frente da cozinha. Estaciona e entra. Se senta à mesa ao lado de Estrela e Sofia. Estrela descasca uma cebola.

ESTRELA: Que dia é hoje messsmo? Ah, hoje é terça, 27 de abril. Aniversário de Niki-Niki-Nik. Sete aninhos... [*risinhos*] Um rapazim...

NIK: Conta uma história ou alguma coisa sem babar com a sua boca grande.

ESTRELA: Sem babá, é...? [*risinho de Estrela*] Que história ocê qué hoje, Nik, pra comemorá seu aniversário?

SOFIA: Do seu namorado.

ESTRELA: Toda terça meu namorado burrin vai com a mulhé no cinema. Mas eu vejo ele todos os domingos.

SOFIA: Onde?

ESTRELA: Na quitinete que ele tem na orla da praia.

SOFIA: A dos binóculos...

ESTRELA: Essa messsmo. Sim. Claro que sim.

SOFIA: E o que vocês fazem? Já sei... ele te amarra... é lá que ele te amarra?

Gargalhada de Estrela.

ESTRELA: [*ri*] Ah, Sofia... eu te contei isso com o coração aberto e ocê me jurou manter segredo.

SOFIA: Não vê que ele não entende? E essa é a hora em que a febre sobe.

NIK: Te amarra?

Risinho de Estrela.

ESTRELA: Aí... eu coloco meu bumbunzim no banco da motocicleta. Abraço bem a barriguinha dele. E bem rapidim. Ele acelera até 200 e nós vamos voando pra rezá um pouquim na catedral.

NIK: Mas por que o policial te amarra?

Risinho de Estrela.

ESTRELA: Pra brincá...

NIK: E os binóculos?

Risinho de Estrela. Sofia começa a chorar.

NIK: Sofia, acho que essa não é uma história para chorar.

SOFIA: Imbecil. É por causa da cebola. Me deixa em paz.

ESTRELA: Ah, é... essa cebola é chorona mesmo. Eu também já começo a chorá.

Sofia seca as lágrimas.

SOFIA: Por que vocês rezam?

Risinho de Estrela.

ESTRELA: [*ri*] Por tudo. Pelo amor... pelo prazer... pra agradecê.. nós temos sempre que agradecê.

NIK: Vocês vão se casar?

Estrela seca uma lágrima.

ESTRELA: Me disse que um dia... que algum dia... sim.

SOFIA: Que bobas vocês são... vocês de lá longe são muito bobas...

Estrela seca uma lágrima.

ESTRELA: Mas ele me disse que sim.

Nik seca uma lágrima.

SOFIA: Eu... ultimamente também tenho ido à catedral.

NIK: Eu, não.

SOFIA: Tive umas visões sentada no último banco, lá do fundo. Vou ser médica. Para curar... "E Cacilda não era feliz: sua alma nobre, delicada, sensível, caridosa... doía com a grande necessidade daqueles desgraçados..."

ESTRELA: Ah, minha menina, ocê, sim, tem um bom coração.

Sofia seca uma lágrima grossa que escorre pela sua bochecha. Estrela e Nik também secam outras.

NIK: Tem um Cristo na catedral que tem o coração para fora.

ESTRELA: O sagrado coração...

SOFIA: Estou chorando. De verdade.

NIK: Mentirosa. É pela cebola.

SOFIA: Estou chorando de verdade. Estou chorando porque vou para Moçambique. Para curar. Estou chorando porque eu acho que nunca mais vamos nos ver. Nunca mais.

NIK: Nós vamos te ver...

Estrela concorda, secando as lágrimas. Um silêncio.

SOFIA: Mas quando vocês chegarem lá, eu estarei desfigurada pela lepra, a língua carcomida, e vocês passarão ao meu lado e não me reconhecerão. [*Sofia seca as lágrimas*] E quando, no meu ambulatório na selva, eu estiver curando negros enfermos e mutilados, e em todos os povoados estiverem falando da...

Risinho de Estrela.

ESTRELA: Da... sua bondade.

SOFIA: Me lembrarei do meu irmãozinho pequeno que sempre tinha febre e vomitava e se mijava e de como ele era bonzinho... e de como eu era malvada com ele.

Sofia chora descontroladamente. Estrela e Nik secam as lágrimas.

ESTRELA: Ah, menina, ocê, sim, tem um bom coração...

Ouvimos a porta bater com força. O Pai entra.

PAI: Está um cheiro delicioso. Não sei de quê. Cadê a mamãe? [*silêncio*] O que houve? [*silêncio*] Vocês três estão chorando?

NIK: Não estamos chorando!

SOFIA: Eu, sim... eu estou chorando... e a Estrela também.

PAI: O que aconteceu?

Um silêncio. Todos secam as lágrimas.

PAI: Cadê a mamãe? [*silêncio. O Pai seca uma lágrima*] Alguém pode me dizer onde ela está?

NIK: Mamãe! Mamãe!

A Mãe sai do quarto, atravessa o corredor e para diante da porta da cozinha. Estrela, Sofia, Nik e o Pai secam as lágrimas.

MÃE: O que houve? [*silêncio*] Nik, você está chorando?

NIK: Não estou chorando, caralho!

Um silêncio. Risinho de Estrela. Todos olham para Nik.

MÃE: Nik!

ESTRELA: Oh, menino, não fala palavra feia na frente dos seus pais.

A Mãe entra na cozinha.

MÃE: Estrela, já estou farta de te dizer que, para não chorar, você tem que deixar a cebola um tempo debaixo da torneira. Aí, depois, você pica a cebola.

ESTRELA: É messsmo, senhora. Desculpa. É verdade.

PAI: Era o cheiro de cebola, então. Estava cheirando a cebola. A cebola cheirava...

Silêncio. O Pai caminha devagar até a Mãe.

PAI: Eu peguei os últimos exames do Nik. [*silêncio*] Não tem nada.

Silêncio. O Pai enxuga uma lágrima.

MÃE: Que história é essa de você ter ido? Os exames eram para amanhã. Ele não tem nada? De novo?

PAI: Está tudo bem.

A Mãe seca uma lágrima.

MÃE: Não. Não acredito. Não pode ser. Mas então... por que... por que... por que ele está...?

PAI: Está tudo bem.

MÃE: Vem, vem, vem aqui, por favor. Toca nele. Toca. Não vê que ele está com febre? Toca na testa dele. As pupilas dilatadas. Eu vou levar os exames para ele ver, o teu amigo, o Médico Sorridente. Ele sempre, sempre me disse para levar, e para você ir junto, sempre, sempre me diz para você ir junto... E me disse que, se dessa vez não encontrarmos nada, ele mesmo o internará novamente no hospital. Tem um equipamento novo... Me dá aqui os exames. Eu vou levar para ele.

PAI: Eu já levei. Eu levei para ele.

MÃE: Você levou para ele? [*silêncio*] Você levou?

Silêncio. O Pai começa a tirar papéis de sua pasta, jogando-os no chão, um a um, e os pisoteia.

PAI: Quatro análises de sangue, seis análises de urina, duas uroculturas, dois exames parasitológicos, duas radiografias do tórax e uma abdominal, duas ultrassonografias do rim e do abdômen, exames de má absorção, eletrólitos séricos e urinários, PH, cálcio, fósforo, creatinina e glicose no sangue. [*silêncio*] E, além de tudo, uma conversa extensíssima. [*silêncio*] E ainda voltei a vê-lo para levar... algo novo... que ele tinha me pedido. Uns frascos. Cada um com um adesivo. Com o nome dele: Nik. Um frasco com o sangue do Nik, um com a urina, um com um pedaço da unha e outro com uma mecha dos cachos. Para detectar resíduos suspeitos. Resíduos... suspeitos? Eu levei tudo.

Silêncio.

MÃE: Fez bem.

A Mãe acaricia o Pai. Eles se entreolham.

PAI: Resíduos... Que resíduos suspeitos?

MÃE: Eu confio nele. Sempre te disse. Para ir vê-lo.

A Mãe sai da cozinha, cruza o corredor e entra no seu quarto. Silêncio. Nik seca as lágrimas.

NIK: Papai, não quero voltar nunca mais para o hospital. Eu quero meu cabelo e minha unha. Caralho. Chega.

Nik monta no burro e sai galopando pelo corredor. A porta da cozinha se fecha. Nik para diante do espelho. Chora. Nik II aparece.

NIK II: Parabéns, bebezão.

NIK I: Depois a gente comemora. Estou fazendo sete. Os sete anos estão sendo os piores.

NIK II: Você já está maior... Por que não morre?

NIK I: E para quem eu vou deixar o meu burro?

NIK II: Te enchem de histórias e você continua sem perceber nada.

NIK I: Hoje tem bolo.

NIK II: Muda de jogo, babacão, muda.

NIK I: Não sei mudar.

NIK II: Que te contem a história do outro. É como cócegas. Você pode fazer cócegas em si mesmo... e nada acontece... mas se é outra pessoa quem faz... o jogo muda.

NIK I: É difícil.

NIK II: Outro jogo. E se não quiserem jogar, pergunta como eu iria me chamar.

NIK I: Ontem eu sonhei que engolia uma lagartixa pequena.

NIK II: Morre. Você já tem 7 anos, bobão. O que você quer? Ficar velho?

NIK I: Eu gritei e disse caralho.

NIK II: Você quer ser o quê? Um bibelozinho frustrado? Um covarde masoquista? Mais um idiota perverso?

NIK I: E se eu morrer, a mamãe...?

NIK II: Muda de jogo. Pergunta pra eles qual seria o meu nome.

Nik II desaparece.

VII. EU NA SALA DE JANTAR

Nik acaricia seu burro. Sobe nele e entra na sala de jantar. Estaciona. A Mãe, o Pai, a Avó, Sofia e Nik comem em silêncio. Na mesa, louça chinesa, descansos de pratos, talheres de prata, pratinhos para o pão e objetos de cristal todos arrumados. Estrela, de uniforme branco, caminha cadenciosamente pelo corredor. Entra na sala de jantar e retira uma grande sopeira da mesa. Silêncio e tilintar de talheres.

ESTRELA: Licencinha pra tirá a sopinha de cebola gratinada.

AVÓ: O Nik não comeu nada. Eu não vou me meter, mas depois vocês vão ficar falando que ele está doente.

SOFIA: Então não se mete.

AVÓ: Se uma pessoa não come, caramba, é tiro e queda, fica doente.

SOFIA: Você não disse que não ia falar nada?

AVÓ: Não responda, caramba. Eu, graças a Deus, já fui mãe, fiz como achei que tinha que fazer, e não vou me intrometer em assunto que não é meu...

SOFIA: Então não se intrometa...

AVÓ: Mas a minha filha aqui presente, e ela mesma pode dizer se eu estou mentindo, nunca se levantou da mesa até que mostrasse o prato reluzindo. E eu lhe enfiava o filé goela abaixo. Ela chorava. Mas aprendeu a tocar piano e a se comportar à mesa. [*silêncio*] O que está acontecendo com vocês? [*silêncio. A Sofia*] E com você?

SOFIA: É que você é uma chata.

AVÓ: [*imitando Sofia*] "Então não se mete... Você não disse que não ia falar nada?... Então não se intrometa... É que você é uma chata."

Todos riem, menos Sofia e o Pai.

AVÓ: Viu como te imito bem? No grupo lá do magistério, eu era uma ótima atriz.

MÃE: Eu também. Sempre fazia as protagonistas.

PAI: É, você era muito boa.

SOFIA: Eu não "era"... eu "sou" uma boa atriz.

NIK: Por que não jogamos? Um jogo novo... Por que não nos imitamos?

PAI: Não quero jogar.

Silêncio.

NIK: E vocês? [*silêncio*] E você, mamãe? [*silêncio*] Ou nós jogamos ou você me diz qual seria o nome do meu irmão. [*silêncio*] O meu irmão... o morto que morreu.

MÃE: Estrela, já pode trazer o bolo e a cava.

NIK: Ele ia se chamar... Nik?

SOFIA: Hoje seria aniversário dele.

AVÓ: [*imitando Sofia*] "Hoje seria aniversário dele." [*todos riem sem muita vontade*] Ainda por cima é mórbida! Que menina! Respondona e mórbida.

NIK: Vovó, conta uma história ou algo como se você fosse a Sofia.

MÃE: [*imitando Nik*] "Vovó, conta uma história ou algo como se você fosse a Sofia..." Vem, Nik, vamos jogar. Vamos todos brincar de nos imitar.

NIK: Hein, papai... como ele se chamaria?

MÃE: E depois eu, como se eu fosse o papai...

PAI: Não quero jogar.

SOFIA: E depois eu, como se eu fosse a vovó.

MÃE: E depois o papai me imita.

PAI: Não quero jogar.

NIK: Ele ia se chamar Nik, o meu irmão? E eu, então? Qual seria o meu nome?

SOFIA: A Estrela vai jogar?

AVÓ: Ela não sabe imitar.

Risinho de Estrela.

ESTRELA: Isso é, num sei imitá...

PAI: Para que essa bobagem?

MÃE: Não é bobagem nenhuma. [*acaricia o marido*] Você não quer me imitar? Diz o que eu faço. Diz como eu faço. Como eu sou? Me imita.

AVÓ: Eu também quero jogar. Vou fazer quem? A Sofia?

MÃE: É.

SOFIA: E eu a vovó?

PAI: Eu não quero jogar.

MÃE: Pelo Nik.

NIK: Por que ele morreu? Por que não fui eu que morri?

Silêncio.

AVÓ: Vem, Sofia, chega aqui. [*encara-a*] Eu sou você. [*interpretando Sofia*] Eu estou assim, lerda e meio abobada, porque como eu tinha que aturar vocês

	para ficar à mesa, fumei uns seis baseados e tô doidona...
SOFIA:	Mentirosa. Eu não falo assim.
AVÓ:	[*imitando Sofia*] Estou me preparando porque quero ser cantora. E para me preparar o que eu faço é ir às discotecas e tomar bala até não poder mais.

Sofia se aproxima da Avó. Encara-a.

SOFIA:	Agora eu sou você. [*imitando a Avó*] Morreu, caramba. Morreu... e eu, que bom que continuo viva, porque me borro de medo só de pensar na minha morte.
AVÓ:	[*imitando Sofia*] Eu fico me esfregando no banheiro da discoteca com os mais escuros e horrorosos, de quatro, com o uniforme do colégio.
SOFIA:	[*imitando a Avó*] Não responda, caramba. Eu gosto que elas morram. Que um dia não apareçam no lanche. Mas eu morrer, não. Que me saia o tutano. Não. Isso não. Olha só a minha pele, que linda. Ui, ploft! Caiu um pedaço de mim, caramba...
AVÓ:	[*imitando Sofia*] Fumo uns dois maços e chupo um maluco aí que é avião pra que ele me dê... do branco? Do branco? Do branco?

Risinho de Estrela.

ESTRELA: Sim... é do branco messssmo...

SOFIA: [*imitando a Avó*] Quando você se dá conta de que era tudo uma bazófia, que ele morreu... rindo... o grande traidor morreu... Quem teria pensado nisso? Mas eu sempre acerto. Ui! Ticticticticic... Caramba, meus dentes estão começando a cair!

AVÓ: [*imitando Sofia*] Eu entro numa de gata louca, pinto as garras e enfio o focinho no vidro com a língua bem molhada. Olhando a chuva. *Il pleut dans mon couer...*

SOFIA: [*imitando a Avó*] Estrela, caramba, a fralda! Quando eu me dou conta das coisas... da bazófia, do veneno e da ferrugem...

AVÓ: [*imitando Sofia*] Vooooooooooooooooooo... faço viagens astrais... mas é mentira. A verdade é que os caras sempre me deixam desconjuntada e frustrada porque eu sou desagradável, magricela, espinhenta, horrorosa.

Um silêncio. Sofia arma um sorriso amarelo, de alguém que está prestes a chorar. As lágrimas começam a cair-lhe pelas faces.

SOFIA: [*imitando a Avó*] Não estou chorando pelo que essa pirralha disse. Mas por causa desta água putrefata que sai de mim. São os meus olhos podres. Também molhei a minha fralda e estou fedendo muito.

AVÓ: [*imitando Sofia*] A verdade é que eu vou ser uma desgraçada absoluta porque eu sou um monstrinho.

SOFIA: [*imitando a Avó e tentando conter as lágrimas*] A verdade é que eu fui uma mãe tão boa que a

	minha filha teve que se casar com esse medicozinho metido para deixar de ver a minha cara.
AVÓ:	E, no final, teve que continuar me vendo... *é,* cacete...
PAI:	Você não faz a Sofia bem, dona Sofia... [*a Sofia*] E você, não chora. Vocês passaram o dia inteiro chorando. Vou pra cama.
NIK:	Agora a mamãe faz o papai.
PAI:	Nem pensar, Nik. Chega. Vamos dormir.
NIK:	Ela te imita bem...
AVÓ:	Claro que eu imito bem.
NIK:	Agora a mamãe imita o papai.
PAI:	Vou para a cama.
NIK:	E se não, que alguém me conte a história verdadeira do meu irmão morto.

Silêncio.

MÃE:	Fazer o seu pai? [*pega o marido pelas mãos. Olha-o nos olhos*] Eu sou você. [*imitando o Pai*] Estou muito orgulhoso de ter formado esta família. De ver o Nik cada dia mais forte, esbanjando energia, falando, rindo sempre... Muito orgulhoso de ter essa mulher com a pele de madrepérola, uma garganta de girafa, doce e calada, elegante, amorosa, entregue... Fico embriagado de prazer por compartilhar dona Sofia, minha doce e terna e política mãe. E sobretudo, sobretudo, pela minha virtuosa Sofia.

PAI: A sua mãe? Você quer que eu imite a sua mãe, Nik? [*se aproxima da Mãe e olha-a nos olhos*] Eu sou você. [*imitando a Mãe*] Eu quero discutir com você. Por favor, discute comigo, me insulta, se chateie... Por favor, Nicolás... acaba comigo. Me humilha. Me massacra... mas, por favor, fala comigo...

MÃE: [*imitando o Pai*] Eu era um pato-carolino mutilado... Eu era apenas um pato pela metade. Precisava da outra metade. Para cada metade, as suas coisas. Eu injetando hormônios... Sim, coelhinha, é tudo uma questão de injeções.

PAI: [*imitando a Mãe*] E você, Nicolás? Por que não se injeta? Em você mesmo, Nicolás. Por que não se injeta?

MÃE: [*imitando o Pai*] Investigo, crio hipóteses, já publico em revistas científicas... Mas você falhou, patinha. Falhou comigo, ratinha... e, como falhou, não te amo, minha querida esposa.

PAI: [*imitando a Mãe*] Você não percebe que eu já não queimo mais o meu corpo quando tomo banho? Mas... se me levanto da cama. Me levanto. Todos os dias, me levanto... e vocês me angustiam... Você me angustia, Nicolás... Me... E faz de propósito, para me irritar, para me deixar doente... E eu... E eu: "O que eu peço para a Estrela servir hoje?"

MÃE: [*imitando o Pai*] Isso sim: sou atencioso, educado e complacente contigo, ainda que isso seja somente por "uma formação reativa aos sentimentos hostis subjacentes que você me causa". Ou seja, na realidade, eu não te suporto, Sofia. Eu.. nem sinto mais o seu cheiro...

PAI: [*imitando a Mãe*] Você não está vendo? Você não está me vendo? Você não vê que eu cuido do Nik, para que ele aprenda a ler, para que tome o quefir... Eu me ocupo do Nik, me ocupo... E me preocupo, me preocupo, me preocupo... Olha... Olha que mão tão lânguida...

MÃE: [*imitando o Pai*] Chego ao meu ninho, muito, muito, muito cansado de pesquisar, e o meu ninho é um corredor frio... A coelhinha me mete na sua armadilha e... e me coloca diante de... me coloca diante de "irregularidade privada"... que não posso compreender... que não posso aceitar... que me recuso a assimilar...

PAI: [*imitando a Mãe*] Eu não falho com você. Eu cumpro com minhas obrigações, Nicolás... e... aperto as pernas... e... e acelero o movimento... para acabar... porque eu odeio gozar. Odeio o prazer. Odeio me divertir... E eu não me queixo nunca... Já me ouviu alguma vez reclamar que me explodem barrigas de baleia ou de ter os mamilos sangrando?

MÃE: [*imitando o Pai*] A coelha me coloca diante de um "problema incontornável" que "supersatura a minha percepção sensorial". E, o pior de tudo, o que é o cúmulo... A coelha me coloca diante do fim do meu carisma. Da minha autoridade...

PAI: [*imitando a Mãe*] Como eu estou? Você nunca pergunta como eu estou. Eu tô feia? Não desvia do meu olhar. [*silêncio*] É. Algo deu errado, Nicolás. Algo deu muito errado... Ouço vozes invisíveis... vejo anjos alados com sorrisos de cadáver... sabe por quê, Nicolás? Porque ainda que eu tenha o pescoço de Bambi... eu sou um outro tipo de animal...

Silêncio. O Pai acaricia a Mãe. E segue imitando-a.

PAI: E agora você vai me dizer: "Por que o nosso filho, o que respirava melhor, o que tinha os pulmões saudáveis, teve que morrer afogado?"

Silêncio.

MÃE: [*silêncio. Imitando o Pai*] Havia uma galinha que tinha dois pintinhos doentes. Amava tanto os seus pintinhos que matou um deles para fazer uma sopa de pintinho para o outro pintinho doente...

Silêncio.

MÃE: Quer saber mais alguma coisa?
PAI: Quando o seu médico me disser os resultados. Quando o seu médico me disser o que tem nessa colher que tilinta pelo corredor, enfiada no copo de quefir que você faz o Nik beber. O meu filho.
MÃE: Me diz você.

Silêncio.

NIK: Kik, kik, kik...

Nik se levanta da cadeira e vai até a Mãe.

NIK: Você está fazendo "kik"? Você quer me despedaçar também?

Nik monta no seu burro e sai para o corredor. Fecha a porta da sala de jantar. Ele para diante do espelho. Nik II aparece.

NIK II: Babacão... te vejo todas as manhãs quando você mama na mamãe. Eu olho para ela enquanto você mama. Ela se concentra... e todo o ar se congela... e tudo muda no rosto dela... Ela olha para você como que sem pupilas... dos seus olhos saltam duas bolinhas de gude. Uma linha no sorriso... e a boca se rasga pela metade...

Nik procura algo no alforje do seu burro, abre uma bolsa e tira um caderninho.

NIK I: Eu queria tanto ter tido uma bolsa com uma chavezinha... como os meninos de antigamente...

Arranca uma folha do caderninho e escreve.

NIK I: [*escrevendo*] Querida irmã Sofia: que o meu burro fique com você. Caso você vá embora. Se você não quiser, deixa de presente para Estrela, que talvez ela o queira. Se ela não quiser, sobe lá no sótão e deixa ele num cantinho.

Coloca a folha sobre a sela do burro.

NIK II: Preparado, bobão?

NIK I: Tô.

Nik II agarra Nik I pelo rabo de cavalo e enfia ele dentro do espelho. Ambos desaparecem. A porta da sala de jantar se abre. Sofia se aproxima do burro, lê a folha que foi deixada ali, corre até o quarto de Nik. Grita.

SOFIA: Papai... Papai... o Nik está muito quieto. Muito quieto. Deitado na cama.

Blecaute.

FIM

Sobre a síndrome de Münchausen por poder

Este termo foi cunhado em referência ao barão de Münchausen (1720-97), um soldado germano e aventureiro famoso pelos relatos de suas fantásticas façanhas. Também foi denominado pela revista *Variety* como *Síndrome de Polle* (nome do filho de Münchausen, de quem se fala que padeceu de uma enfermidade fictícia, provocada por seu pai).

A frequência da síndrome é baixa, mas crescente. Os padres ou tutores utilizam artifícios diferentes para causar essas enfermidades fictícias nos seus filhos. Eles relatam histórias clínicas falsas, induzem sintomas e sinais, os submetem a *check-ups*. Geralmente o indutor da enfermidade conhece os mecanismos internos dos serviços de saúde, ou está vinculado a hospitais.

Existe um consenso geral em apontar a mãe como protagonista na elaboração dos sintomas e sinais da síndrome de Münchausen por poder. Para alguns psiquiatras, é uma enfermidade mental responsável por muitas mortes de crianças. Para outros, não é uma enfermidade, mas uma "forma de ser", o que a torna muito mais perigosa.

Por que publicar dramaturgia

Os textos de teatro são escritos de diversas maneiras: durante ensaios, como adaptações de romances, a partir de discussões com encenadores e artistas, solitariamente, vindos de ideias avulsas ou de enredos históricos, além de tantas outras maneiras existentes e por serem inventadas. Pensar o texto dramático como um modo de escrita para além do papel, que tem a vocação de ser dito e atuado, não elimina seu estágio primeiro de literatura. O desejo de pensar sobre as diferenças e confluências entre o texto dramático e o texto essencialmente literário nos levou a elaborar este projeto de publicações: a *Coleção Dramaturgia*. Queríamos propor a reflexão sobre o que faz um texto provocar o impulso da cena ou o que faz um texto prescindir de encenação. E mesmo pensar se essas questões são inerentes ao texto ou a leitura de encenadores e artistas.

O livro é também um modo de levar a peça a outros territórios, a lugares onde ela não foi encenada. Escolas, universidades, grupos de teatro, leitores distraídos, amantes do teatro. Com o livro nas mãos, outras encenações podem ser elaboradas, e outros universos construídos. Os mesmos textos podem ser lidos de outros modos, em outros contextos, em silêncio ou em diálogo. São essas e tantas outras questões que nos instigam a ler os textos dramáticos e a circulá-los em livros.

Publicar a Coleção Dramaturgia Espanhola, que chega às prateleiras após o generoso convite de Márcia Dias à Editora Cobogó, e com o importantíssimo apoio da AC/E (Acción Cultural Española), foi para nós uma oportunidade de discutir outras linguagens no teatro, outros modos de pensar a dramaturgia, outras vozes, e, ainda, expandir nosso diálogo e a construção de uma cultura de *ler teatro*. Ao ampliar nosso catálogo de textos dramáticos com as peças espanholas — ao final deste ano teremos 30 títulos de teatro publicados! —, potencializamos um rico intercâmbio cultural entre as dramaturgias brasileira e espanhola, trazendo aos leitores do Brasil uma visada nova e vibrante, produzida no teatro espanhol.

Isabel Diegues
Editora Cobogó

Dramaturgia espanhola no Brasil

Em 2013, em Madri, por intermédio de Elvira Marco, Elena Díaz e Jorge Sobredo, representantes da Acción Cultural Española - AC/E, conheci o Programa de Intercâmbio Cultural Brasil-Espanha. O principal objetivo do programa seria divulgar a dramaturgia contemporânea espanhola, incentivar a realização das montagens dessas obras por artistas brasileiros, estimular a troca de maneiras de fazer teatro em ambos os lados do Atlântico, promover a integração e fortalecer os laços de intercâmbio cultural entre Brasil e Espanha.

O programa havia, então, selecionado dez obras, através de um comitê de personalidades representativas das artes cênicas espanholas. A ideia inicial seria contratar uma universidade para a tradução dos textos, buscar uma editora brasileira que se interessasse em participar do projeto no formato e-book, programar entrevistas com os autores e promover a difusão dos textos através de leituras dramatizadas com diretores de grupos e companhias brasileiras.

Ao conhecer o programa, comecei a pensar sobre como despertar o interesse de uma editora e de artistas brasileiros para participar dele. O que seria atraente para uma editora, e consequentemente para o leitor, na tradução de um texto da atual dramaturgia espanhola? Como aproximar artistas brasileiros para a leitura de obras espanholas? Como verticalizar a experiência e fazer, de fato, um intercâmbio entre artistas brasileiros e espanhóis? Estimulada por essas e outras questões e percebendo o potencial de articulação, cruzamentos e promoção de encontros que um projeto como esse poderia proporcionar, encampei o programa expandindo suas possibilidades. A ideia, agora, seria aproximar artistas dos dois países em torno de um projeto artístico mais amplo potencializado pelo suporte de festivais internacionais realizados no Brasil que se alinhassem aos objetivos do TEMPO_FESTIVAL, dirigido por mim, Bia Junqueira e César Augusto, principalmente no que se refere ao incentivo à criação e suas diferentes formas de difusão e realização.

A partir de então, convidei quatro festivais integrantes do Núcleo dos Festivais Internacionais de Artes Cênicas do Brasil — Cena Contemporânea – Festival Internacional de Teatro de Brasília; Porto Alegre em Cena – Festival Internacional de Artes Cênicas; Festival Internacional de Artes Cênicas da Bahia – FIAC; e Janeiro de Grandes Espetáculos – Festival Internacional de Artes Cênicas de Pernambuco — para participar do projeto e, juntos, selecionarmos dez artistas de diferentes cidades do Brasil para a tradução e direção das leituras dramáticas dos textos.

Assim, para intensificar a participação e aprofundar o intercâmbio cultural, reafirmando uma das importantes funções dos festivais, decidimos que seriam feitas duas leituras dramáticas a cada festival, com diferentes grupos e companhias de teatro locais, em um formato de residência artística com duração aproximada de cinco dias. Com essa dinâmica, os encontros nos festivais entre o autor, o artista-tradutor e os artistas locais seriam adensados, potencializados. A proposta foi prontamente aceita pela AC/E, uma vez que atenderia amplamente aos objetivos do Programa de Intercâmbio Cultural Brasil-Espanha.

Desde então, venho trabalhando na coordenação do Projeto de Internacionalização da Dramaturgia Espanhola. A primeira etapa foi buscar uma editora brasileira que tivesse o perfil para publicar os livros. Não foi surpresa confirmar o interesse de Isabel Diegues, da Editora Cobogó, que, dentre sua linha de publicações, valoriza a dramaturgia através de livros de textos de teatro, com sua Coleção Dramaturgia.

A segunda etapa foi pensar as leituras das obras espanholas junto aos diretores dos festivais parceiros representados por Paula de Renor, Guilherme Reis, Felipe de Assis e Luciano Alabarse e definir os artistas que poderiam traduzir os textos. Com isso, convidamos Aderbal Freire-Filho, Beatriz Sayad, Cibele Forjaz, Fernando Yamamoto, Gilberto Gawronski, Hugo Rodas, Luís Artur Nunes, Marcio Meirelles, Pedro Brício e Roberto Alvim, que toparam a aventura!

Finalmente, partimos para a edição e produção dos livros, e convidamos os grupos e companhias locais para a realização das residências artísticas e leituras dramáticas, que culminariam no lançamento das publicações em cada um dos festivais parceiros, cumprindo um calendário de julho de 2015 a janeiro de 2016.

Enquanto ainda finalizamos os últimos detalhes das publicações, compartilhando o entusiasmo de diretores, tradutores e tantos outros parceiros da empreitada, imagino quais desdobramentos serão possíveis a partir de janeiro de 2016, quando os livros já estiverem publicados e tivermos experimentado as leituras e conversas sobre dramaturgia. Quem sabe a AC/E não amplie o programa? Quem sabe não estaremos começando a produção de um desses espetáculos no Brasil? Quem sabe essa(s) obra(s) não circule(m) entre outros festivais internacionais do Brasil? Quem sabe não estaremos levando para a Espanha traduções de palavras e de cenas de alguns dos espetáculos, com direção e atuação de artistas brasileiros? Enfim, dos encontros, sem dúvida, muitas ideias irão brotar... Vou adorar dar continuidade ao(s) projeto(s). Fica aqui o registro!

Márcia Dias
Curadora e diretora do TEMPO_FESTIVAL

CIP-BRASIL. CATALOGAÇÃO-NA-FONTE
SINDICATO NACIONAL DOS EDITORES DE LIVROS, RJ

      Vilanova, Lucía
V746m Münchausen / Lucía Vilanova ; tradução Pedro Brício. - 1.
    ed.- Rio de Janeiro : Cobogó ; Madri : La Sociedad Estatal de
    Acción Cultural S.A., 2015.
                                                         104 p. ; 19 cm.
      Tradução de: Münchhausen
      ISBN 978-85-60965-79-3
      1. Teatro espanhol. I. Brício, Pedro. II. Título.

15-24169   CDD: 862
                                                                CDU: 821.134.2-2

Nesta edição, foi respeitado o Acordo Ortográfico da Língua Portuguesa
de 1990, que entrou em vigor no Brasil em 2009.

Todos os direitos em língua portuguesa reservados à
Editora de Livros Cobogó Ltda.
Rua Jardim Botânico, 635/406
Rio de Janeiro–RJ–22470-050
www.cobogo.com.br

© Editora de Livros Cobogó
© AC/E (Sociedad Estatal de Acción Cultural S.A.)

Texto
Lucía Vilanova

Tradução
Pedro Brício

Colaboração na tradução
Bianca Messina

Idealização do projeto
Acción Cultural Española – AC/E e TEMPO_FESTIVAL

Coordenação geral Brasil
Márcia Dias

Coordenação geral Espanha
Elena Díaz, Jorge Sobredo e Juan Lozano

Editores
Isabel Diegues
Julia Martins Barbosa

Coordenação de produção
Melina Bial

Revisão de tradução
João Sette Camara

Revisão
Eduardo Carneiro

Capa
Radiográfico

Projeto gráfico e diagramação
Mari Taboada

Outros títulos desta coleção:

A PAZ PERPÉTUA, de Juan Mayorga
Tradução Aderbal Freire-Filho

APRÈS MOI, LE DÉLUGE (DEPOIS DE MIM, O DILÚVIO),
de Lluïsa Cunillé
Tradução Marcio Meirelles

ATRA BÍLIS, de Laila Ripoll
Tradução Hugo Rodas

CACHORRO MORTO NA LAVANDERIA: OS FORTES, de Angélica Liddell
Tradução Beatriz Sayad

CLIFF (PRECIPÍCIO), de José Alberto Conejero
Tradução Fernando Yamamoto

DENTRO DA TERRA, de Paco Bezerra
Tradução Roberto Alvim

NN12, de Gracia Morales
Tradução Gilberto Gawronski

O PRINCÍPIO DE ARQUIMEDES, de Josep Maria Miró i Coromina
Tradução Luís Artur Nunes

OS CORPOS PERDIDOS, de José Manuel Mora
Tradução Cibele Forjaz

2015

―――――――

1ª impressão

Este livro foi composto em Univers.
Impresso pela gráfica Stamppa
sobre papel Pólen Bold 70g/m².